GUIDE

PRATIQUE ET MÉTHODIQUE

POUR LA

Confection des Inventaires

PAR

R. FOYER

Sous-Inspecteur de l'Enregistrement

Prix : **1** fr. **25**

MONTDIDIER

IMPRIMERIE ADMINISTRATIVE GROU-RADENEZ

1906

GUIDE

PRATIQUE ET MÉTHODIQUE

POUR LA

Confection des Inventaires

PAR

R. FOYER

Sous-Inspecteur de l'Enregistrement

Prix : **1 fr. 25**

MONTDIDIER

IMPRIMERIE ADMINISTRATIVE GROU-RADENEZ

1906

NOTA. — Les évaluations données dans cet opuscule sont tout à fait approximatixes et s'appliquent à des objets totalement neufs. Il conviendra par conséquent, de faire subir le cas échéant à ces estimations une réduction en rapport avec le degré d'usure de la pièce à inventorier.

Ne pas perdre de vue que si les objets offrant les caractères d'immeubles par destination doivent être décrits ils n'ont pas à être évalués. (Inst^on 3177 page 17 2° alinéa *in fine* et page 15 2° et 3° alinéa).

CHAPITRE I.

DANS LA NEF ET LES BAS COTÉS.

1. Bénitiers d'entrée,

Matière (pierre — bois — platre 1 fr. 50 les o^m10 — biscuit décoré 2 fr. 50 les o^m10 — bronze).

Surmonté d'un ou de plusieurs anges aux ailes ouvertes ou de tout autre objet.

Scellés : au sol, au mur.

2. Fonds Baptismaux.

Matière (bois, 1150 fr. — pierre — bronze, verni, doré, 400 fr.) — Intérieur à compartiments, garnis en zinc — en cuivre. — Scellés au sol et entourés d'une grille en bois — en fonte...

3. Confessionaux.

Nombre — hauteur — largeur — mobiles — fixés au sol — au mur — Composés de 3 compartiments, celui du milieu renferme : un banc... — ceux de chaque côtés contiennent : un prie-dieu, surmonté d'un crucifix, etc...

Evaluation : en chêne de 250 à 400 fr.

4. Chaire à prêcher. — Scellée ou non.

Escalier droit ou tournant. — Surmontée ou non d'un abat-voix, le tout adossé ou non au mur. Cette chaire contient : un banc (mobile ou non), un tabouret, etc...

Evaluation : en chêne 240 fr. et au-dessus.

5. Bancs.

Nombre — longueur — nature du bois — munis ou non de dossiers.

6. Chaises.

Nombre — dessus cuir — paille...

7. Prie-Dieu.

Nombre — recouverts en cuir — en étoffe...

8. Chemins de Croix.

14 tableaux — largeur — hauteur. — Cadres en bois (bois blanc, chêne...) — en bronze (verni, doré, argenté). — Peinture (sur toile, sur bois, sur cuivre, genre émail, émail...). — Fonds paysage, or niellé, gravés à l'eau forte... — Ou scènes en relief (relief en bois, en plâtre, en plastique...).

Evaluation : cadre en chêne, en bronze, peinture sur cuivre, 500 fr. et au-dessus.

USTENSILES D'ÉCLAIRAGE

9. Bras de lumières.

Définition : chandeliers à une ou plusieurs branches qu'on fixe au mur (à bougie, à l'essence, au gaz ou à l'électricité).

Nombre — nombre de lumières (placées sur 1, 2 ou 3 rangs ou en éventail).

Longueur de la saillie du mur.

Métal : cuivre — bronze (verni, argenté, doré).

Evaluation : en bronze de 3 à 20 fr. par lumière.

10. Lustres.

1° *Lustres à cristaux.* — A bougie, à essence, au gaz ou à l'électricité. — Nombre — hauteur —

diamètre — nombre de lumières (placées sur 1, 2 ou 3 rangs). — Métal : bronze (verni, argenté, doré), cuivre.

2° *Lustres ordinaires.* — A bougie, à essence, au gaz, ou à l'électricité. — Nombre — hauteur — diamètre — nombre de lumières (placées sur 1, 2 ou 3 rangs. — Métal : bronze (verni, argenté, doré), cuivre.

Evaluation : en bronze 4 fr. par lumière.

11. Châsses et Reliquaires.

Nombre — dimension : hauteur, longueur du corps de la châsse. — En pierre — bois — métal cuivre, bronze (verni, argenté, doré).

Restes ou reliques qu'elles renferment. — Placées sur socle, scellées au mur, au sol.

Evaluation : à partir de 8 fr.

Reliquaires sur pieds et Médaillons.

Hauteur — métal enrichi émail, pierreries.

Evaluation : à partir de 3 fr.

12. Troncs.

Nombre — dimension — en bois — en métal.

Evaluation à partir de 9 fr.

CHAPELLES LATÉRALES

13. Grille.

(Bois ou métal). — Porte. (v. n°27).

14. Tapis.

Dimension. — Evaluation (v. n° 39).

15. Autel.

(Voir ci-après n° 41).

16. Statues.

(Voir ci-dessous même chapitre n° 24).

17. Ex-voto.

1° *En marbre,* — Dimension. — Evaluation 5 à 10 fr. scellés ?

2º *Forme de Cœur bombé*, avec flammes. — Hauteur
— métal. — Evaluation 5 à 100 fr.

18. Chandeliers.

(Voir nᵒˢ 41 et 82).

19. Lustres.

(Voir nᵒ 10 supra).

20. Bras.

(Voir ci-dessus nᵒ 9).

21. Brûle-cierges.

Hauteur — diamètre — nombre de lumières, avec
ou sans plateau — métal, cuivre, bronze...
Evaluation : en bronze 4 fr. 5o par lumière et au-
dessus.

22. Châsses et Reliquaires.

(Voir ci-dessus nᵒ 11).

23. Vitraux.

Nombre — dimension — nuances — sujets et scènes.
— Rosaces ?
Evaluation : à partir de 2o fr. le mètre carré.

24. Statues, Statuettes, Groupes, Bustes.

Nombre — sujets — hauteur — plâtre, à partir de
10 fr. (0ᵐ3o) ; carton, à partir de 12 fr.; plastique, à
partir de 12 fr. — Métal bronzé, argenté, doré, 10 fr.
les 0ᵐ10. — Bronze verni, argenté, doré, 4o fr. les
0ᵐ10. — Reposant sur une console, sur un socle en
plastique, en plâtre, en métal, 1 fr. les 0ᵐ10.

Statue revêtue d'une robe ou manteau (satin, velour); ornée de broderies (d'or ou d'argent), évaluée
35 à 16o fr.; et d'une couronne ou d'un diadème, en
bronze (doré, argenté), enrichi ou non de pierreries,
évaluée : les 0ᵐo5, 5 fr.

Scellés, placés dans des niches.

25. Christs.

Nombre — en plâtre, en bois, en plastique, en
bronze, en métal, en cuivre, en ivoire. — Montés sur

croix en bois, en chêne. — Scellés ou non au mur à tel ou tel meuble.

Hauteur du christ — de la croix.

Evaluation : en plâtre, 5 fr. les 0^m10 ; en bronze, 10 fr. les 0^m10 ; métal, 8 fr. les 0^m10.

26. Tableaux.

Dimension — cadre, bois (verni, doré) — bronze (verni, doré). — Sur toile, sur bois, sur cuivre, etc... — Nom de l'auteur. — Sujet traité. — Evaluation ?

CHAPITRE II.

DANS LE CHŒUR

27. Grille de Chœur.

Bois — métal (fer, etc.) — main courante en bois...
Hauteur. — scellée ou non.
Evaluation : en fer forgé, 3o fr. le mètre et au-dessus.

28. Sièges des chantres.

Nombre — forme tabouret (muni ou non de
dossiers, avec ou sans gradins) — Chaises — Fauteuils
Evaluation.

29. Harmonium.

Dimension (hauteur, largeur, profondeur). — Marque. — Meuble (nature du bois. — Nombre de jeux.
— Soufflerie à pédale, avec ou sans soufflerie indépendante à la main.
Evaluation : à partir de 200 fr.

29 *bis*. Housse.

Etoffe — couleur.

30. Siège de l'organiste.

Forme (comme au n° 28).

31. Bancs.

Comme au n° 5.

32. Stalles.

Nombre — nature du bois (sculpté ou non) ; fonds
mobiles ou non ; établies sur 1, 2 ou 3 rangs ; dossiers
surmontés ou non d'un dais en bois.
Evaluation : en chêne à partir de 20 fr. scellées
ou non.

33. Stalles curiales.

Stalles indépendantes réservées à certains ecclésiastiques.
Nombre — nature du bois (sculpture) ; dais en bois.
Evaluation : à partir de 5o fr.

34. Bancs d'œuvre.

Bancs réservés d'ordinaire aux membres des conseils de fabrique.

Nombre — nature du bois — sculpture.

Evaluation : en chène, à partir de 35o fr. les 5 places.

35. Bras de lumière.

Voir supra n° 9.

36. Lustres.

Voir supra n° 10.

37. Châsses et Reliquaires.

Voir supra n° 11.

38. Colonnes.

Définition : support, crédence en forme de colonne.

Nombre — dimension — nature du bois.

Evaluation : en bois blanc décoré 20 fr. et au-dessus, en chène 5o fr. et au-dessus.

39. Tapis.

Dimension — étoffe — nuance du tapis et de sa bordure.

Evaluation : à partir de 5 fr. le mètre carré.

Vitraux, Statues, Tableaux, Brûle-cierges, Christs.

Voir ci-dessus, chap. I, n°ˢ 21, 23, 24, 25, 26.

CHAPITRE III.

DANS LE SANCTUAIRE.

40. Grille de communion et porte.
(V. n° 27).

41. Autel.

Distinguer (de bas en haut) :

1° Les *Panneaux* avec leurs colonnes ;

2° La *Table de l'Autel* ;

3° Le *Tabernacle* et sa porte ;

4° Le *Retable* et ses panneaux (encadrant le tabernacle) ;

5° L'*Exposition* (au-dessus du tabernacle) où dans certaines cérémonies sont exposés à la vénération des fidèles soit le Saint-Sacrement soit des reliques. En temps ordinaire on y place une croix ou une statue.

6° Le *Ciborium*, baldaquin soutenu par des colonnes dominant et entourant l'autel.

NOTA. — Chacune de ces diverses parties de l'autel peuvent être exécutées en matière différente et même avoir une valeur artistique propre ; il sera par suite souvent très utile de les envisager séparément.

Description : Dimension. — mobile ou fixe — Autel reposant sur un marchepied à 2, 3, 4 gradins construit tout en pierre, en bois (blanc, chêne, décoré, polychromé) en marbre blanc ou de couleur, en bronze (verni ou doré) en onyx, etc...

Ou bien construit par exemple en bois, avec table et tabernacle en marbre, porte en bronze, colonnes en onyx, bases et chapiteaux de ces colonnes en bronze ; entouré d'un ciborium enfermant ou non un tableau, le tout adossé ou non au mur.

Le tableau du fond représente...dimension (V. n° 26). Le retable supporte 3, 4...chandeliers en bronze, en cuivre verni, argenté, doré, estimés à (de 10 à 200 fr.) incrusté d'émaux, de pierreries.

Evaluation de l'autel : Bois blanc 1 m. 50, sans l'exposition 100 fr. et au-dessus, avec l'exposition 175 fr. ; en chêne 140 fr. et au-dessus, avec l'exposition 225 fr. ; en bronze 1 m. 50 à partir de 1800 fr. ; en marbre 4000 fr. et au-dessus.

42. Croix d'Autel.

Hauteur — Métal, bronze (verni, argenté, doré) avec ou sans émaux. — Évaluation : de 0 m. 50, 7 fr.

43. Ciboires.

Definition : Vase déposé dans le tabernacle où sont déposées les hosties.

D'après les règles de la lithurgie, la coupe doit être en or ou en argent doré à l'intérieur.

Description : Nature du métal, en bronze (intérieur de la coupe en or ou argent doré) ; coupe en argent blanc ou doré, reste en bronze ; tout en argent (blanc, doré, bruni, ciselé), incrustés d'émaux, de pierreries.

Evaluation : à partir de 25 fr.

Ciboire recouvert d'un pavillon en (satin, moire, Damas) orné ou non de broderies.

Evaluation du pavillon : de 5 fr. à 40 fr.

44. Crédence.

Définition : Petite table, soit mobile, soit fixée au sol, soit posée en applique sur les parois du mur et placée à droite de l'autel à l'effet de recevoir les objets servant au sacrifice de la messe (burettes, bassins, etc.)

Dimension — en bois ou en métal — scellée ou non — Evaluation : en bronze à partir de 25 fr.

45. Sièges.

Des officiants (fauteuils, tabourets, chaises, prie-dieu) — des enfants de chœur — divers. (V. n° 28).

46. Lampe-veilleuse du sanctuaire.

Diamètre : (ou saillie du mur) — nombre de lumières — Métal : cuivre, bronze (verni argenté doré) Evaluation : en bronze 10 fr. la lumière et au-dessus ; sans lumières (de 1 m. de hauteur 40 fr.)

Tapis, voir supra n° 39.

Bras de lumières et lustres, voir supra n°s 9 et 10.
Chasses et Reliquaires, voir supra n° 11.
Vitraux, voir supra n° 23.
Statues, voir supra n° 24.
Tableaux, voir supra n° 26.
Brule-cierges, voir supra n° 21.
Christs, voir supra n° 25.
Colonnes, voir supra n° 38.

CHAPITRE IV.

SACRISTIE.

47. Meubles la garnissant.

Buffets — Commodes — Chaises — Prie-dieu — Boiseries.

VÊTEMENTS SACERDOTAUX.

48. Amicts.

Définition : Un des 6 vêtements lithurgiques du prêtre officiant. Il est fait de toile fine et affecte la forme d'un carré long ; une croix est brodée au centre et des cordons sont attachés aux angles de la partie supérieure. Ces cordons se passent sous le bras, se croisent sur le dos et s'attachent sur la poitrine. En général, aujourd'hui, le prêtre après avoir baisé la croix brodée pose un instant l'amict sur sa tête, puis l'abaissant sur ses épaules enveloppe le collet de sa *soutane* avec la partie supérieure.

Nombre — toile fil — garnie ou non de dentelles — Croix rouge ou brodée. — Évaluation : 1 fr. et au-dessus.

49. Aube.

Définition : Longue robe de toile blanche que le prêtre et un certain nombre de personnes qui l'assistent (diacre, sous-diacre) portent à la messe et dans quelques autres cérémonies

Nombre — étoffe (batiste, linon — avec ou sans garniture de dentelles). — Évaluation : 10 fr. et au-dessus.

50. Chasubles.

Forme Française ou Espagnole.

Définition : Ornement que le prêtre officiant met par dessus l'aube et l'étole pour la messe. Formée de 2 pans dont l'un tombe sur la poitrine, l'autre sur le dos du prêtre. Le pan de derrière porte, habituellement, l'image d'une croix. Les chasubles doivent être de soie ou de drap d'or. La soie ne peut avoir que l'une des 5 couleurs lithurgiques : noire, blanche, rouge, violette et verte.

Étoffe. — (Damas, lampasette, moire, velours de soie, satin, drap d'or fin, demi-fin).

Fonds. — (Rouge, blanc, violet, noir, vert).

Avec sujet ou médaillon brodé. — Avec croix et devants brodés soie, soie et or, argent — broderies (soie couleurs, or fin, argent) — galon et frange (soie, or fin, argent).

Évaluation : Damas, 16 à 60 fr. et au-dessus ; Moire, 80 fr. et au-dessus ; Satin, 50 fr. et au-dessus ; Drap d'or et velours, 250 fr. et au-dessus.

51. Manipule.

Définition : Ornement que porte au bras gauche le prêtre lorsqu'il dit la messe et le diacre et le sous-diacre qui l'assistent à l'autel.

Étoffe — nuance — broderies — Galon et franche (de même qu'au n° précédent).

52. Etole.

Définition : Ornement formé d'une large bande de laine ou de soie et qui s'élargit à chacune des extrémités en une plaque appelée palle.

Pour l'administration des sacrements le prêtre passe l'étole autour de son cou et les deux bandes tombent parallèlement devant lui. Pendant la messe le prêtre la porte les deux bandes croisées sur la poitrine.

Quant au diacre, il l'a porte sur l'épaule gauche, les 2 extrémités étant ramenées sur le bras droit.

Étoffe — fonds — broderies — galon et franche (comme pour la chasuble n° 50 supra).

Évaluation : Damas, 6 à 15 fr.; Satin, 15 à 60 fr.; Moire, 60 fr. et au-dessus; Drap d'or et velour, 70 fr.

53. Chape.

Définition : Grand et long manteau qui s'agrafe par-devant et dont l'officiant et certains officiers de chœur se revêtent à l'église.

Nombre — étoffe — fonds — broderie — galon et frange (comme pour le n° 50).

Évaluation : Damas, 3o à 8o fr. ; Moire, 100 fr. et au-dessus ; Drap d'or ou velours, 45o fr. et au-dessus.

54. Dalmatiques.

Définition : Sorte de chasuble à manche que revêtent les diacres, les sous-diacres et les évêques lorsqu'ils officient à l'autel. Les manches sont formées de 2 pans d'étoffe qui recouvrent les épaules.

Nombre — étoffe — couleur — broderies — galon et frange (voir au n° 5o supra).

Évaluation : Damas, 3o à 7o fr. ; Moire, velours, 9o fr. et au-dessus.

55. Voile huméral ou écharpe de bénédiction.

Définition : Voile dont le célébrant s'enveloppe pour donner la bénédiction ou porter le St-Sacrement.

Étoffe — couleur — broderies — galon et frange (voir chasuble, n° 5o).

Évaluation : Damas, 6 à 15 fr. ; Satin, 15 à 6o fr. ; Moire, velours, 6o fr. et au-dessus).

56. Voile de calice ou pale.

Définition : Pièce d'étoffe ornée que l'ont met sur le calice pendant une partie de la messe.

Nombre — étoffe — couleur — broderies — galon et frange (voir chasuble, n° 5o).

Évaluation : 3 fr. et au-dessus.

57. Bourse.

Définition : Double carton couvert d'étoffe dans lequel on met les corporaux qui servent à l'autel. (Définition du corporal, voir plus loin n° 73).

Étoffe — couleur — broderies — galon et frange (voir n° 5o supra).

Évaluation : 3 fr. et au-dessus.

58. Ornement complet.

Évaluation de l'ornement complet formant une série de pièces de couleur, d'étoffe et de broderie identiques, couleur qui varie selon la lithurgie du jour.

Ces pièces sont d'ordinaire les suivantes :

1o *Chasuble* — 2o *Manipule* — 3o *Étoles* — 4o *Chapes*

5° 2 *Dalmatiques* — 6° *Voile huméral* — 7° *Voile de calice* — 8° *Bourse.*

En Damas, 100 fr.; Lampassetté, 200 fr ; Velours et moire, 600 fr.; Drap d'or, 1000 fr.

(Et au-dessus selon la richesse de la broderie).

59. Surplis.

Définition : Vêtement d'église fait de *toile blanche et fine* (en fil selon la lithurgie), quelquefois orné de dentelles. Il descend plus ou moins bas, sans dépasser le genou.

Il existe aussi sans manches.

Nombre — étoffe.

Evaluation : à partir de 5 fr.

60. Rochet.

Définition : Surplis, *à manches étroites,* que portent les évêques et certains dignitaires écclésiastiques (chanoines par ex.).

Nombre — étoffe — toile fil.

Évaluation : à partir de 5 fr.

61. Ceintures.

Nombre — étoffe — cachemir — ruban — satin faille — frange laine ou soie.

Évaluation : 3 à 15 fr.

62. Soutanes de chantre.

Nombre — étoffe (serge, mérinos, drap).

Évaluation : 20 fr. et au-dessus.

63. Costumes d'enfants de chœur.

Nombre. Composé de :

1. *Cottas.*

Définition : Surplis à large encolure.

Nombre — étoffe (batiste, unie ou garnie).

Évaluation : 2 à 6 fr., selon la taille.

2. *Rochets.* — Définition n° 60.

Nombre — étoffe (batiste, unie ou garnie).

Évaluation : 3 à 6 fr.

3. *Surplis.* — Définition n° 59.
Nombre — étoffe (unie ou garnie).
Évaluation : 3 à 7 fr.

4. *Aube.* — Définition : Voir n° 49 supra.
Nombre — étoffe (batiste, unie ou garnie).
Évaluation : 3 à 10 fr.

5. *Calottes.*
Nombre — étoffe (mérinos, drap) — couleur.
Évaluation : o fr. 5o.

6. *Barette.*
Définition : Bonnet à 3 ou 4 cornes.
Nombre — étoffe (mérinos, drap).
Évaluation : 1 fr. 5o.

7. *Souliers.*
Nombre — étoffe (feutre, drap).
Évaluation : 4 fr,

8, *Ceinture.*
Couleur — nombre — étoffe.
Évaluation : 1 fr. 5o.

9. *Gants.*
Nombre — couleur — évaluation.

10. *Soutane.*
Nombre — couleur — étoffe (anacoste, drap).
Évaluation : 8 à 20 fr.

11. *Camail.*
Nombre — couleur — étoffe (anacoste, mérinos, drap)
— Evaluation : 3 à 10 fr.

12. *Habillement complet,* 3o à 6o fr.

64. Costumes de Suisse.

Nombre (petite tenue, tenue de deuil, tenue de dimanche, grande tenue).

Composée de :

1. *Habit,* drap, garni ou non de galons, de pattes ou de parements ; 75 à 15o fr.

2. *Capote,* 70 fr.

3. *Gilet,* drap, 15 à 3o fr.

4. *Pantalon*, étoffe, sans bandes ou avec bandes; galon soie, or ou argent; 25 à 35 fr.

5. *Culotte*, étoffe, garnitures or, argent.
Évaluation : 25 à 30 fr.

6. *Chapeau*, étoffe (feutre), avec torsade et boutons (or, argent); avec galon (or, argent, soie); plume (blanche, cygne, vautour).
Évaluation : 25 à 40 fr.

7. *Épaulettes*, avec torsade (argent, or).
Évaluation : 10 à 40 fr.

8. *Nœud d'épaule* en ruban soie, en moire, 10 à 25 fr.

9. *Canne*, en jonc, bronze, bois, fer. — Avec pomme (unie, vernie, argentée, ciselée, dorée; ornée ou non d'un cordon).
Évaluation : 10 à 25 fr.

10. *Hallebarde*, bronze (verni, argenté, doré), bois; 20 à 35 fr.

11. *Épée*, avec poignée; venie, argentée, dorée; 20 à 60 fr

12. Évaluation de la *tenue complète*; de 250 à 650 fr.

65. Costume d'huissier de chœur.

1. *Habit*; étoffe drap noir. Éval^on: 40 fr. et au-dessus
2. *Gilet*; — — 12 fr. —
3. *Pantalon:* — — 20 fr. —
4. *Culotte:* — — 20 fr. —
5. *Chapeau* brodé ou non; — 20 fr. —
6. *Chaînes et médailles;* métal, bronze argenté doré, — 10 à 15 fr.

7. *Canne;* jonc, baleine, bois; monture verni or, argentée, 5 à 30 fr.

66. Costume de Bedeau.

1. *Robe;* étoffe (escot, mérinos, drap) non garnie ou garnie parements violets, rouge, bleu.
Évaluation : 20 à 40 fr.

67. Toque (à 3 ou 4 cornes).

Étoffe (escot, drap) garnie ou non (violet, rouge avec ou sans houppe assortie).
Évaluation : 5 à 8 fr.

LINGE. — 1° ORNANT L'AUTEL.

68. Couverture d'Autel.

Nombre — étoffe (laine, satin, tulle) — doublure — nuance — broderies (soies couleurs, argent, or) — galon et frange (soies couleurs, argent, or) — longueur — largeur — Evaluation : 20 à 350 fr.

69. Garniture d'Autel.

Nombre — étoffe (laine, satin, tulle) — doublure — nuance — broderies (soies couleurs, argent, or) — galon et frange (soies couleurs, argent, or) — longueur — largeur — Evaluation : 25 à 100 fr.

70. Voile d'Exposition.

Nombre — dimension — étoffe (Damas, satin, moire, drap d'or) — doublure — broderies (soies couleurs, or, argent) — galon et frange (soies couleurs, argent, or) — pied (verni, colonne torse ; bronze) — pommes et croix (bois doré, bronze verni). — Evaluation : 25 à 100 fr.

71. Conopée.

Définition : Sorte de dais qui sert quelquefois à abriter le tabernacle.

Nombre — étoffe (Damas, moire, satin, drap d'or, tulle) — dimension — broderies (soie nuance, or, argent) — galon et frange soie nuance, or, argent). Evaluation : 20 à 100 fr.

72. Nappe d'Autel.

Nombre — étoffe (toile, garnie ou non). — Evaluation : 1 fr. 50 le mètre et au-dessus.

2° — LINGE POUR LA MESSE.

73. Corporaux.

Définition : Le corporal est un linge béni que le prêtre étend sur l'autel pour y déposer le calice et l'hostie pendant la messe.

Etoffe baptiste, fil, — nombre. — Evaluation : 1 fr. 50.

74. Manuterges ou Lavabos.

Définition : Petit linge avec lequel le prêtre s'essuie les mains après se les être lavées pendant la messe.

Etoffe (comme pour les corporaux, n° 73) — nombre. — Evaluation : 1 fr.

75. Purificatoire.

Définition : Linge avec lequel le prêtre à l'autel, essuie le calice après qu'il l'a lavé avec du vin et de l'eau.

Etoffe (comme ci-dessus) — nombre. — Evaluation : 1 fr.

76. Nappe de Communion.

Dimension - nombre – étoffe (toile garnie ou non). — Evaluation : 1 fr. 50 le mètre et au-dessus

OBJETS SERVANT AUX CÉRÉMONIES MORTUAIRES.

77. Bandeaux.

Dimension — nombre — étoffe (serge, lainage) — broderies (soie, argent) — galon et frange (soie, argent). — Evaluation : 2 fr. 50 à 6 fr. le mètre.

78. Drap mortuaire.

Dimension — nombre — étoffe (laine, drap) — doublure (toile) — broderies (soie, argent) — galon, glands (soie, argent). — Evaluation : 25 à 150 fr.

79. Pièce de fond.

Dimension — étoffe (lainage, serge, drap) — broderies (soie, argent) — galon et frange (coton blanc, soie, argent . — Evaluation : 25 à 100 fr.

80. Portière.

Nombre — dimension.

Étoffe — broderie - galon et frange — (comme ci-dessus) — Evaluation : 25 à 100 fr.

81. Catafalques.

Hauteur — nombre de marches — avec ou sans

soubassement et dais — soubassement et dais garni ou
non drap noir — panaches. — Evaluation : 100 fr. et
au-dessus

82. Chandeliers.

Nombre — métal, bronze, cuivre — bois — hauteur.
— Evaluation : 3o fr. à 8o fr.

83. Écussons.

Nombre — dimension — étoffe (drap, lainage) —
— broderies (soie, argent) — série de lettres. — Évaluation : 20 à 8o fr.

84. Brancards.

Nombre — garni ou non — avec ou sans lambrequin, avec ou sans tentures — galon et frange (soie,
argent). — Evaluation 25 fr. et au-dessus.

DIVERS.

85. Dais.

Dimension — avec ou sans charpente dans la partie
inférieure — étoffe (Damas, soie, drap d'or, satin —
broderie (argent, or, soie) — galon et frange (argent,
or, soie) — panaches? (cygne, vautour) — doublure.
— Evaluation : 90 fr. à 600 fr.

86. Ombrellino.

Définition : Dais en forme d'ombrelle.
Nombre — étoffe (Damas, lampassette, moire) —
broderie (soie couleur, argent, or) — galon et frange
(soie couleur, argent, or) — doublure — monture à
1 ou 2 brisures — croix (bois, bronze doré). — Evaluation : 35 fr. à 120 fr.

87. Bannières.

Avec ou sans baudrier — dimension — nombre —
étoffe (Damas, satin, moire, velours de soie) — nuance
— broderies (soies couleurs, relief, or, argent) —
Sujet simple ou double (Enfant Jésus, Jésus bénissant
les enfants, sacré cœur de Jésus, ange gardien, vierge
immaculée, vierge mère, N.-D. de Lourdes, N.-D. du

Rosaire, St-Joseph) — relief habillé ou application plate enrichie de paillettes — chromos entourés d'un ovale de dentelles — galon et frange (argent, or, soies) — inscription — 4 cordons et 4 glands assortis — envers soie. — Evaluation : 5o fr. à 3oo fr. et au dossus.

88. Drapeaux du Sacré-cœur.

Etoffe (soie, taffetas) — broderie (soies, or, argent) — galon et frange (soies, or, argent). — Evaluation : 5 à 5o fr.

89. Etendards.

Nombre — toile (satin, faille). — Envers (soie, faille, satin).
Evaluation : 10 à 5o fr.

90. Brancards pour statues.

Nombre — bois décoré bleu, or — broderies (soie, argent, or), — galons et franges (soie, argent, or).
Evaluation : 15 à 15o fr.

91. Croix de processions.

Nombre — hauteur — métal, bronze (verni, argenté, doré) cuivre, — baton, bronze, bois cuivre, — incrusté d'émaux, de pierreries
Evaluation : 20 à 15o fr. et au-dessus.

92. Lanternes de processions.

Nombre — hauteur — métal, bronze (verni, argenté, doré), cuivre, — baton, (bronze, bois, cuivre), — verres, (blancs, de couleur).
Evaluation : 10 à 4o fr.

93. Chandeliers.

Voir nos 41 et 82.

94. Candélabres.

Nombre — hauteur — métal, bronze (verni, argenté, doré), cuivre, — pendeloques cristal, — nombre de lumières, — lumières placées sur 1, 2, 3 rangs.
Evaluation : 2 fr. par lumière et au-dessus.

95. Croissants.

Nombre — hauteur — largeur — métal, bronze (verni, argenté, doré), cuivre, — nombre de lumières.

Evaluation : 4 fr. par lumière et au-dessus.

96. Corbeilles et bouquets de lumières.

Nombre — hauteur — nombre de lumières — métal bronze (verni, argenté, doré), cuivre,

Evaluation : 10 fr. par lumière.

97. Bougeoirs.

Nombre — hauteur — métal (comme ci-dessus).
Evaluation : 5 à 50 fr.

98. Ostensoirs.

Nombre — hauteur.

Métal, bronze (verni, argenté, doré), Eval^{on} 60 à 300 f.

—	— rayons dorés	d⁰
—	— tout doré	70 à 400 f.
— en argent, rayons dorés		250 à 300 f.
— — tout doré		270 à 900 f.

Enrichi d'émaux, de pierreries.

99. Encensoirs avec leurs navettes.

La navette est un petit vase où l'on met l'encens destiné à être brûlé.

Nombre — hauteur — métal, bronze (verni, argenté, doré), de 10 à 80 fr. — Argent, de 250 à 350 fr.

100. Bénitiers avec goupillons.

Nombre — diamètre — hauteur — métal, bronze (verni, argenté, doré).

Goupillon, manche en bois, en métal.

Evaluation : à partir de 6 fr.

101. Burettes et leur plateau.

Nombre.
Burette en cristal gravé, 5 à 10 fr.

Monture et plateau en cuivre (doré, argenté), 10 à 40 f.

— en argent, 25 à 80 fr.

(Enrichi ou non d'émaux, de pierreries).

Burette et plateau en cristal, 2 à 3 fr., en cuivre ou en argent, 180 à 400 fr.

102. Aiguillères et plateaux.

Nombre — hauteur — métal, bronze (verni, argenté, doré), à partir de 60 fr. — Argent (doré, bruni), à partir de 160 fr. — Avec ou sans émaux, avec ou sans pierreries. — Forme du plateau (rond, oval).

104. Baisers de paix.

Nombre — dimension — métal : bronze (verni, argenté, doré), cuivre.

Chiffre et milieu avec ou sans émail, avec ou sans pierreries.

Evaluation : 7 à 20 fr.

105. Boîtes d'administration.

Nombre — composées ordinairement de 1° boîte Saintes huiles, bénitier, goupillon, flambeau, boite à bougie, rituel. — 30 à 50 fr.

105 *bis*. Boîtes à hosties.

Nombre — diamètre — métal, bronze (verni, argenté, doré). Argent (bruni, doré). — Avec ou sans système intérieur pour enlever les hosties.

Evaluation ; 4 à 12 fr.

106. Boîtes aux Saintes Huiles.

Nombre — simple ou double. — hauteur — métal: bronze (verni, argenté, doré), — en argent (bruni, doré).

Evaluation : 3 à 30 fr.

107. Boîtes ou Vases pour la réserves des Hosties.

Nombre — hauteur — métal: bronze (verni, argenté, doré), — argent (bruni, doré), de 50 à 150 fr. — Etain, 4 fr. et au-dessus.

108. Services à baptême.

Composé ordinairement de coquille (argenté ou doré) — boîtes à Saintes huiles (argent, bronze), — salière (en cristal), — plateau (en cuivre, en bronze, en argent).

Evaluation : 60 à 120 fr.

109. Coquilles à baptême et purificatoires.

Nombre — métal : bronze (verni, argenté, doré), argent (doré ou non).

Purificatoire métal ou cristal.

Evaluation de 2 à 15 fr,

110. Calices et leur patène.

Définition : 1° *Calice*. Vase sacré, dont le prêtre se sert pour la consécration du vin pendant la messe. La coupe du calice et la patène doivent être en or, en argent doré ou en vermeil ; le pied peut être de tout autre métal. D'après la lithurgie il est défendu aux simples fidèles de toucher soit le calice, soit la patène consacrés. — 2° *Patène*. Vase en forme de petite assiette qui sert à recevoir l'hostie au moment de l'offertoire et après la consécration. Elle est faite de manière à être posée sur le calice avec lequel elle est employée à l'autel.

Nombre — hauteur — métal : coupe et patène en argent, pied (en bronze, en cuivre) 50 à 100 fr. ; tout en argent (blanc, bruni, doré), en or, 100 à 350 fr. — enrichi de ciselures en relief, peintures sur émail, d'émaux, de pierreries.

111. Canons d'Autel.

Définition : Tableaux où sont inscrites les prières du canon de la messe et que l'on place au milieu de l'autel sous les yeux du prêtre.

Nombre — longueur — hauteur (couronnement compris). — métal : bois (doré, à moulure sous verre avec ornements en relief, avec ou non pierreries), 6 à 15 fr. ; bronze (verni, argenté, doré), de 15 à 100 fr.

112. Custodes pour viatique.

Définition : Vase destiné à recevoir les hosties à porter aux malades.

Nombre — hauteur — forme (montre, ciboire) — métal (bronze argenté, doré, bruni ; argent blanc, doré). — Evaluation de 8 fr. à 35 fr.

113 Thabors.

Définition : Sorte de piédestal sur lequel on expose le Saint-Sacrement.

Nombre — dimension — bois doré ou non 10 à 25 fr. — bronze (verni, argenté, doré) — cuivre — avec émaux ou pierreries. — Evaluation : de 20 à 100 fr.

114. Porte-Missels.

Nombre — dimension — bois de 7 à 40 fr. — métal bronze (argenté, doré, verni) de 9 à 65 fr.

115. Porte-Missels-Thabors.

Définition : Piédestal pouvant faire l'office soit de thabor, soit de porte-missel.

Nombre — dimension — bois — métal, bronze (verni, argenté, doré) — avec ou sans pierreries ou émaux. — Evaluation : 10 fr. à 125 fr.

116. Lutrins.

Nombre — hauteur — pupitre simple ou double face — bois de 25 à 50 fr. — métal bronze (verni, argenté, doré) de 500 à 1200 fr. scellés ou non.

117. Pupitres pour Stalles.

Nombre — largeur — bois de 5 à 20 fr. — métal bronze (verni, argenté, doré) de 30 à 60 fr.

118. Livres des Officiants.

Missels — Rituels — Livres d'office — Recueils d'office notes, etc...

Nombre — etc... — Evaluation.

119. Carillons.

Nombre — nombre de timbres — métal (verni, or, nickelé, argenté). — Evaluation : 6 fr. à 25 fr.

120. Sonnettes.

Nombre — métal : bronze (verni, argenté, doré) 2 à 25 fr. ; argent (bruni, doré) 3o à 7o fr. — avec ou sans ciselures — manche (bois, métal).

121. Bourses à quêter.

Nombre — en cuir — en Damas — en velours — en velours soie — soutachée or ou argent. — Evaluation : de 3 à 5o fr.

122. Plats à quêter.

Diamètre — nombre — forme (ronde, ovale) — avec ou sans ciselure — métal cuivre — bronze (verni, argenté, doré) — argent. — Evaluation : 4 à 15 fr.

123. Fers et découpoirs à hosties.

Nombre — métal ou acier.
Évaluation : 3o à 7o fr.

124. Vases à fleurs.

Nombre — hauteur. — En porcelaine, 3 à 20 fr. ; en céramique, 20 à 18o fr. ; en bronze (verni, argenté, doré), 3o à 15o fr.

125. Fleurs artificielles.

Palmes — gerbes — feuillage vert — paillon or.
En étoffe, en celluloïde, en papier et en métal.
Évaluation : 3 à 20 fr.

126. Crèches.

Nombre — en bois — en plâtre — dimension — personnages, nombre — animaux, nombre — étoiles lumineuses.
Évaluation : 1 à 10 fr. par personnage.

127. Banderoles et oriflammes pour tentures et décorations.

Dimension — nombre — tissus — nuances — avec ou sans impressions.

Évaluation : 1 fr. le mètre carré et au-dessus.

128. Trône épiscopal.

Siège — tenture (étoffe) — marchepied (nombre de gradins).

Évaluation : 5o fr. et au-dessus.

CHAPITRE V.

TRIBUNES & CLOCHER.

TRIBUNES.

129. Bancs — Chaises — Tableaux — Tapis. etc.

130. Orgues.

Hauteur — longueur — profondeur — meuble (nature du bois) — fronton sculpté ou non — nom du facteur — nombre de jeux, de claviers, avec ou sans pédalier — scellées ou non

Évaluation : à partir de 1500 fr.

Siège de l'organiste — du souffleur.

CLOCHER.

131. Horloge.

Dimension — nom du fabricant — à simple, double, triple, ou quadruble cadran — scellée ou non.

132. Cloches

Nombre — dimension — métal — inscriptions dont elles peuvent être revêtues.